■ *Schott Piano Classics*

Cornelius Gurlitt
1820 – 1901

Erholungsstunden
Hours of Rest · Heures de détente

26 Stücke in allen Dur- und Moll-Tonarten
(Melodie im Fünftonraum)

26 pieces in all major and minor keys
(five-note melody)

26 pièces dans tous les tons majeurs et mineurs
(mélodie pentatonique)

für Klavier vierhändig
for Piano Duet
pour Piano à quatre mains

opus 102

Herausgegeben von / Edited by / Edité par
Isolde Weiermüller-Backes

ED 9053
ISMN 979-0-001-17516-6

www.schott-music.com

Mainz · London · Berlin · Madrid · New York · Paris · Prague · Tokyo · Toronto
© 2011 SCHOTT MUSIC GmbH & Co. KG, Mainz · Printed in Germany

Vorwort

Cornelius Gurlitt wurde am 10. Februar 1820 im damals dänischen Hamburg-Altona geboren, wo er Schüler von Rudolf Reinecke, dem Vater seines Jugendfreundes und späteren Komponisten Carl Reinecke, war. In Kopenhagen setzte er seine Studien (Komposition und Orgel) bei J. P. E. Hartmann und C. E. F. Weyse fort und arbeitete dort von 1841-1845 als Musiklehrer. Nach verschiedenen Reisen und längeren Auslandsaufenthalten (Leipzig, Dresden, Prag, Wien, Venedig, Bologna und Rom), bei denen er u. a. auch die Bekanntschaft mit Robert und Clara Schumann, Albert Lortzing und Richard Franz machte, ließ er sich wieder in Altona als Musiklehrer nieder. Von 1864-1898 wirkte er als Organist an der Altonaer Hauptkirche und als Leiter der dortigen Liedertafel und lehrte von 1879-1887 gleichzeitig am Konservatorium in Hamburg, wo ihn der dortige Tonkünstlerverein zum Ehrenmitglied ernannte. Diese Auszeichnung wurde zuvor nur Eduard Marxen und Johannes Brahms zuteil. Am 17.6.1901 starb Cornelius Gurlitt in seiner Heimatstadt Altona.

Cornelius Gurlitt veröffentlichte zahlreiche musikdramatische, symphonische und kammermusikalische Kompositionen für unterschiedliche Besetzungen. Seine Klavierkompositionen – vor allem jene zwei- bzw. vierhändigen Klavierminiaturen, welche die einfachen Verhältnisse beim häuslichen Musizieren berücksichtigten – entsprachen ganz dem Lebensgefühl und dem Geist der Altonaer Spätbiedermeierzeit und waren in ihrer musikalischen Sprache den Kompositionen von Carl Reinecke und Theodor Kirchner sehr ähnlich. So hinterließ Gurlitt – sicherlich angeregt durch seine Tätigkeit als Musiklehrer – ein vielseitiges und reichhaltiges Klavierwerk, dessen Beliebtheit bis heute ungebrochen ist und das auch heute noch eine große pädagogische Bedeutung im Unterricht hat.

Gurlitts *Erholungsstunden* op. 102 für Klavier zu vier Händen sind für den Klavierunterricht besonders gut geeignet. Sie erschienen erstmalig 1880 bei Schott in Mainz und sollen durch diese Neuauflage für den Klavierunterricht wieder neu erschlossen werden. Der Erstdruck enthält im Primo-Part Fingersätze über jedem Ton, die höchstwahrscheinlich von Cornelius Gurlitt selbst stammen. Sie werden in dieser Ausgabe in reduzierter Form übernommen, denn die Kinder sollen lernen selbstständig Noten zu lesen.

Mit ihrer einfachen, aber wirkungsvollen Satzanlage, ihrer pädagogisch sinnvoll geordneten Zusammenstellung und ihrer ausdrucksstarken Klangsprache, die romanzenartig-cantable, volksliedhafte, tänzerische (Tarantella, Marsch), expressiv-leidenschaftliche und choralartige Elemente enthält, stellen die *Erholungsstunden* eine wertvolle Bereicherung der vierhändigen Anfängerliteratur dar.

Isolde Weiermüller-Backes

Hinweise für den Unterricht

Alles, was einen sinnvoll geordneten pädagogischen Anfängerunterricht ausmacht, wird in diesen abwechslungsreichen Klavierminiaturen behandelt. Insbesondere eignen sich die 26 einfachen, in allen Dur- und Molltonarten progressiv geordneten Stücke hervorragend dazu, den SchülerInnen alle Tonarten vertraut zu machen.

Dabei erfordert der Primo-Part, der immer im Fünftonraum – ohne aus dem Bereich der Dur/Moll-Tonika zu wechseln – steht, eine stetig zunehmende Flexibilität der Handlage.

Bis Nr. 11 ist die Satzanlage des Primo-Part streng diatonisch, ab Nr. 12 erfordern dann kleinere chromatische Verschärfungen in der melodischen Linienführung sowie die gelegentliche Trennung der beiden Hände (Nr. 15, 25, 26) eine anspruchsvollere Lese- und Fingertechnik.

Besondere rhythmische Anforderungen findet man u. a. in Nr. 4, 8, 13, 15 (Wechsel zwischen langen und kurzen Tondauern), in Nr. 5, 17, 19, 25 (übergebundene Noten), in Nr. 6, 7, 12, 14, 15, 24 (punktierte Rhythmen), in Nr. 16, 25 (Synkopen), in Nr. 21 (Triolen) und in Nr. 24 (kurze Vorschläge).

Eine konzentrierte Anschlagskultur bezüglich der Phrasierung und der Artikulation benötigen Nr. 8, 9 (Legato- und Staccato-Spiel), Nr. 13 (Marcato-Spiel), Nr. 14, 25 (Legato- und Portato-Spiel), Nr. 15 (Portato-, Staccato- und Legato-Spiel) und Nr. 26 (Marcato- und Staccato-Spiel).

Ein differenziertes dynamisches Spiel wird schon vom ersten Stück an gefordert, vor allem in Nr. 8, 11, 13, 15, 20, 25 (Kontrastdynamik) sowie in Nr. 10, 11, 13, 14, 15, 17, 18, 19, 21, 23, 25 (Übergangsdynamik).

Abwechslungsreiche Tempogestaltungen (von Lento bis Vivace) und unterschiedliche Metren (2/4-, 3/4-, 4/4-, 3/8- und 6/8-Takt) kennzeichnen den gesamten Zyklus, wobei besonders die Nr. 12, 24, 25, 26 ein präzises gleichmäßiges Spiel – auch im Zusammenspiel mit dem/der DuopartnerIn – verlangen.

Die Stücke Nr. 2, 4, 13, 25 stellen vor allem bezüglich eines ausdrucksstarken Ritardando-Spiels etwas höhere Anforderungen an die SpielerInnen.

Insgesamt sind die Ansprüche an den Secondo-Part etwas höher als die an den Primo-Part. Sie sind daher für fortgeschrittenere SchülerInnen geeignet.

Isolde Weiermüller-Backes

Preface

Cornelius Gurlitt was born on 10 February 1820 in Altona (Hamburg), at that time a Danish city. He studied there with Rudolf Reinecke – the father of his childhood friend Carl Reinecke, who later became known as a composer. Gurlitt continued his studies in composition and organ with J. P. E. Hartmann and C. E. F. Weyse in Copenhagen, where he worked as a music teacher from 1841-1845. After various travels and long periods spent abroad (in Leipzig, Dresden, Prague, Vienna, Venice, Bologna and Rome), meeting other musicians including Robert and Clara Schumann, Albert Lortzring and Richard Franz, he returned to live in Altona as a music teacher. Gurlitt was organist at the largest church in Altona from 1864-1898 and conductor of the local male voice choir. He also taught at the Conservatoire in Hamburg from 1879-1887, where the local music society elected him an honorary member – an honour previously awarded only to Eduard Marxen and Johannes Brahms. Cornelius Gurlitt died in his home town of Altona on 17.6.1901.

Cornelius Gurlitt published numerous stage works, symphonies and chamber compositions for various combinations of instruments. His piano compositions reflect the spirit of the late Biedermeier period in Altona – especially his miniatures for piano solo and for piano duet, which were written for simple occasions of domestic music making, with a musical language very similar to compositions by Carl Reinecke and Theodor Kirchner. Doubtless drawing on his experience as a music teacher, Gurlitt wrote rich and varied piano music whose popularity has endured to this day and which still has real value for teaching purposes.

Gurlitt's *Hours of Rest* Op. 102 for piano duet are particularly suitable for use in piano lessons. They were first published by Schott in Mainz in 1880 and are now made available to another generation in this new edition for use in piano tuition. The first edition has fingerings over every note in the *Primo* part, probably marked in by Cornelius Gurlitt himself. Some have been reproduced in this edition – but not all, for children need to learn to read music for themselves.

With their simple yet effective settings, carefully ordered progression of teaching points and highly expressive sounds, including the singing *cantabile* of a Romance, folk-style dance-like tunes (Tarantella, March), passionately expressive passages and chorale-like pieces, these *Hours of Rest* represent a valuable addition to the repertoire of duets for beginners.

Isolde Weiermüller-Backes
Translation Julia Rushworth

Advice for teachers

Everything that belongs in properly ordered tuition for beginners will be found in these colourful piano miniatures. These twenty-six easy pieces offer a particularly good introduction for students to all the major and minor keys in an ordered progression.

The *Primo* part, which always remains in the five-note range without leaving major/minor root position, calls for steadily increasing flexibility in the hands. The *primo* part is strictly diatonic up to No. 11; from No. 12 onwards, little chromatic touches in the melodic line and occasional separate lines for the two hands (Nos. 15, 25, 26) require closer reading and more advanced finger technique.

Particular rhythmic challenges are to be found in Nos. 4, 8, 13, 15 (alternating long and short notes), in Nos. 5, 17, 19, 25 (tied notes), in Nos. 6, 7, 12, 14, 15, 24 (dotted rhythms), in Nos. 16 and 25 (syncopations), in No. 21 (triplets) and in No. 24 (short grace notes).

A concentrated focus on phrasing and articulation is required in Nos. 8, 9 (playing *legato* and *staccato*), No. 13 (playing *marcato*), Nos. 14, 25 (playing *legato* and *portato*), No. 15 (playing *portato*, *staccato* and *legato*) and No. 26 (playing *marcato* and *staccato*).

A range of dynamics is required from the first piece onwards – especially in Nos. 8, 11, 13, 15, 20, 25 (dynamic contrasts) and in Nos. 10, 11, 13, 14, 15, 17, 18, 19, 21, 23 and 25 (dynamic shading).

Variations in tempo (from *lento* to *vivace*) and different time signatures (2/4, 3/4, 4/4, 3/8 and 6/8) appear throughout the cycle, with Nos. 12, 24, 25 and 26 requiring particularly precise and even playing – and careful coordination between duo partners.

Pieces nos. 2, 4, 13 and 25 include the use of expressive *ritardando*, which will be rather more challenging for students.

The *Secondo* part will generally be found somewhat more difficult than the *Primo* part and therefore suitable for more advanced students.

Isolde Weiermüller-Backes
Translation Julia Rushworth

Préface

Né le 10 février 1820 à Altona, faubourg de Hambourg appartenant alors au Danemark, Cornelius Gurlitt prend ses premières leçons de musique avec Rudolf Reinecke, le père de son ami de jeunesse Carl, futur compositeur. Il poursuit sa formation à Copenhagen (composition et orgue) avec J. P. E. Hartmann et C. E. F. Weyse, puis y travaille comme professeur de musique de 1841 à 1845. Après plusieurs voyages et quelques séjours plus longs à l'étranger (à Leipzig, Dresde, Prague, Vienne, Venise, Bologne et Rome) au cours desquels il fait la connaissance notamment de Robert et Clara Schumann, Albert Lortzing et Richard Franz, il revient s'installer à Altona comme professeur de musique. De 1864 à 1898, il est organiste de la principale église d'Altona et chef du *liedertafel* (ensemble vocal) des lieux ; de 1879 à 1887, il enseigne parallèlement au conservatoire de Hambourg et l'association des musiciens de la ville hanséatique le nomme membre d'honneur, une distinction qui n'avait été jusque-là attribuée qu'à Eduard Marxen et Johannes Brahms. Il meurt le 17 juin 1901 à Altona.

Cornelius Gurlitt est l'auteur de nombreuses pages dramatiques, symphoniques et de musique de chambre pour diverses formations. Ses pièces pour piano – notamment les miniatures à deux ou quatre mains, qui se veulent simples pour pouvoir être jouées à la maison – répondent à l'esprit bourgeois de la fin de l'époque Biedermeier et ressemblent beaucoup, dans leur langage musical, aux compositions de Carl Reinecke et Theodor Kirchner. Gurlitt nous a ainsi laissé – certainement motivé par son activité de professeur de musique – une œuvre pour piano riche et variée qui a gardé la faveur du public dans les pays germaniques et n'a rien perdu de sa grande valeur pédagogique.

Les *Erholungsstunden* (« Heures de détente ») op. 102, pour piano à quatre mains, conviennent particulièrement bien à l'enseignement. Elles parurent en 1880 chez Schott à Mayence. Le but de cette réédition est de les faire redécouvrir. Dans la première édition, on trouve sur toutes les notes de la partie supérieure des doigtés, probablement de Cornelius Gurlitt lui-même. Ils n'ont été repris ici que partiellement afin que les jeunes pianistes apprennent à lire les notes indépendamment d'un doigté.

D'une forme simple mais efficace, d'une grande expressivité, ordonnées de façon pertinente d'un point de vue pédagogique, ces *Heures de détente*, qui empruntent des éléments à la romance, au chant populaire, à la danse (tarentelle, marche), au choral ou au langage de la passion, représentent sans aucun doute un enrichissement du répertoire à quatre mains pour débutants.

Isolde Weiermüller-Backes
Traduction Daniel Fesquet

Les divers aspects techniques

On trouvera dans ces vingt-six miniatures variées tous les ingrédients techniques permettant un apprentissage efficace. Elles sont notamment parfaites pour se familiariser avec toutes les tonalités car elles balayent tous les tons majeurs et mineurs de façon progressive.

La partie supérieure, qui ne quitte pas l'ambitus de la quinte – les cinq premiers degrés de la gamme majeure ou mineure – exige une souplesse de la main toujours plus grande.

Jusqu'au numéro 11, l'écriture est entièrement diatonique ; à partir du numéro 12, quelques chromatismes dans la ligne mélodique ainsi qu'une séparation occasionnelle des deux mains (numéros 15, 25, 26) nécessitent de plus grandes aptitudes de lecture et digitales.

Des difficultés rythmiques particulières apparaissent dans les numéros 4, 8, 13, 15 (alternance de notes longues et courtes), 5, 17, 19, 25 (notes liées), 6, 7, 12, 14, 15, 24 (rythmes pointés), 16, 25 (syncopes), 21 (triolets) et 24 (appoggiatures).

L'articulation et le phrasé exigent une concentration particulière dans les numéros 8, 9 (legato et staccato), 13 (marcato), 14, 25 (legato et portato), 15 (portato, staccato et legato) et 26 (marcato et staccato).

Déjà la première pièce présente des nuances, mais c'est surtout les numéros 8, 11, 13, 15, 20, 25 (contrastes) et 10, 11, 13, 14, 15, 17, 18, 19, 21, 23, 25 (crescendo/decrescendo) qui requièrent des différenciations dynamiques.

Le recueil passe par divers tempos (de lento à vivace) et mètres (mesures à 2/4, 3/4, 4/4, 3/8 et 6/8) ; les numéros 12, 24, 25, 26, notamment, exigent de maintenir un tempo égal pour bien s'accorder avec le ou la partenaire.

Dans les numéros 2, 4, 13, 25, ce sont les ritardandos expressifs qui représentent une difficulté particulière pour l'exécutant.

Dans l'ensemble, les difficultés sont un peu plus grandes dans la partie inférieure que dans la partie supérieure. La partie inférieure convient donc mieux à des élèves plus avancés.

Isolde Weiermüller-Backes
Traduction Daniel Fesquet

Erholungsstunden

Hours of Rest · Heures de détente
opus 102

Cornelius Gurlitt
1802–1901

Secondo

C-Dur / C major / Ut majeur

54 177

Erholungsstunden

Hours of Rest · Heures de détente
opus 102

Primo

Cornelius Gurlitt
1802–1901

C-Dur / C major / Ut majeur

C-Dur / C major / Ut majeur

a-Moll / A minor / La mineur

C-Dur / C major / Ut majeur

a-Moll / A minor / La mineur

G-Dur / G major / Sol majeur

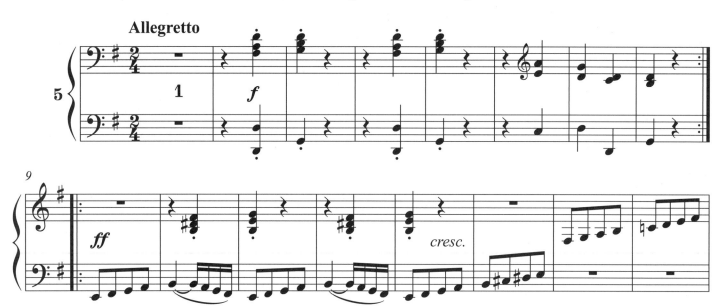

e-Moll / E minor / Mi mineur

G-Dur / G major / Sol majeur

e-Moll / E minor / Mi mineur

14

F-Dur / F major / Fa majeur

d-Moll / D minor / Ré mineur

F-Dur / F major / Fa majeur

d-Moll / D minor / Ré mineur

D-Dur / D major / Ré majeur

h-Moll / B minor / Si mineur

D-Dur / D major / Ré majeur

h-Moll / B minor / Si mineur

B-Dur / B♭ major / Si♭ majeur

B-Dur / B♭ major / Si♭ majeur

g-Moll / G minor / Sol mineur

Allegro molto, tempo di Tarantella

g-Moll / G minor / Sol mineur

Allegro molto, tempo di Tarantella

A-Dur / A major / La majeur

fis-Moll / F♯ minor / Fa♯ mineur

A-Dur / A major / La majeur

fis-Moll / F♯ minor / Fa♯ mineur

54 177

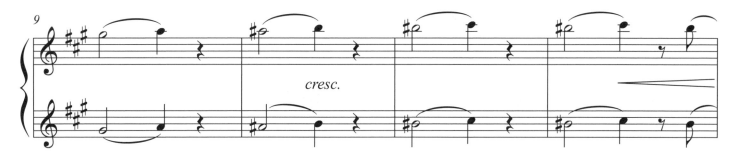

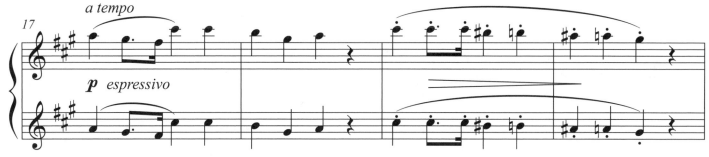

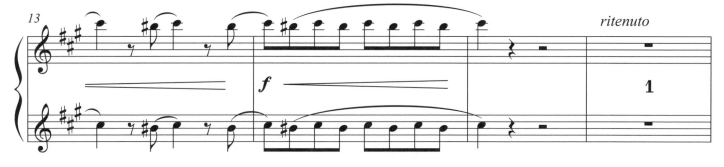

Es-Dur / E♭ major / Mi♭ majeur

Moderato, tempo di marcia

D.C. al Fine

Es-Dur / E♭ major / Mi♭ majeur

Moderato, tempo di marcia

(Fine)

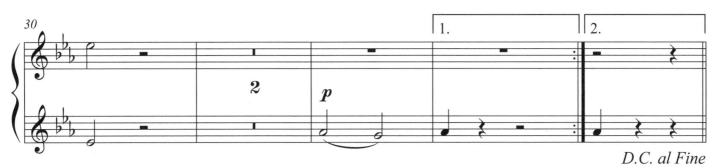

D.C. al Fine

c-Moll / C minor / Ut mineur

Allegretto scherzando

c-Moll / C minor / Ut mineur

Allegretto scherzando

E-Dur / E major / Mi majeur

Andante con espressione

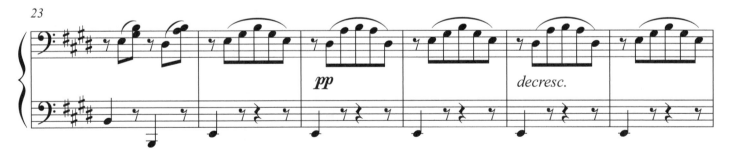

E-Dur / E major / Mi majeur

Andante con espressione

cis-Moll / C♯ minor / Ut♯ mineur

As-Dur / A♭ major / La♭ majeur

cis-Moll / C# minor / Ut# mineur

As-Dur / A♭ major / La♭ majeur

f-Moll / F minor / Fa mineur

Allegro con fuoco

f-Moll / F minor / Fa mineur

Allegro con fuoco

H-Dur / B major / Si majeur

gis-Moll / G♯ minor / Sol♯ mineur

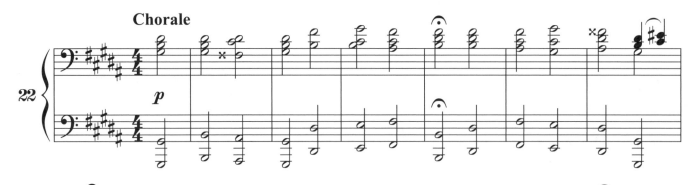

H-Dur / B major / Si majeur

gis-Moll / G♯ minor / Sol♯ mineur

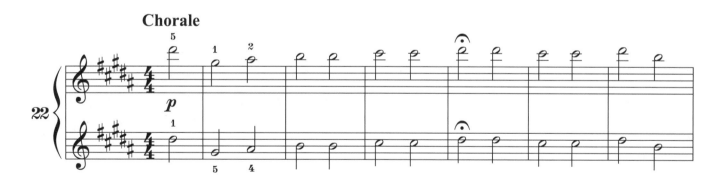

Des-Dur / D♭ major / Ré♭ majeur

Des-Dur / D♭ major / Ré♭ majeur

b-Moll / B♭ minor / Si♭ mineur

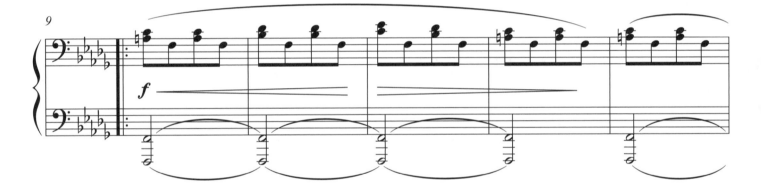

b-Moll / B♭ minor / Si♭ mineur

© 2011 Schott Music GmbH & Co. KG, Mainz

54 177

42

Fis-Dur / F♯ major / Fa♯ majeur

Vivace appassionato

© 2011 Schott Music GmbH & Co. KG, Mainz   54 177

Fis-Dur / F♯ major / Fa♯ majeur

Vivace appassionato

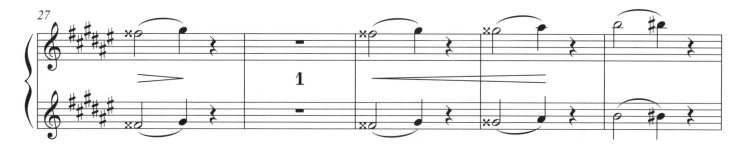

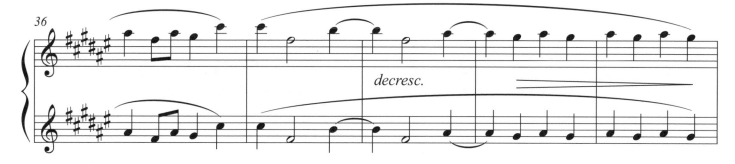

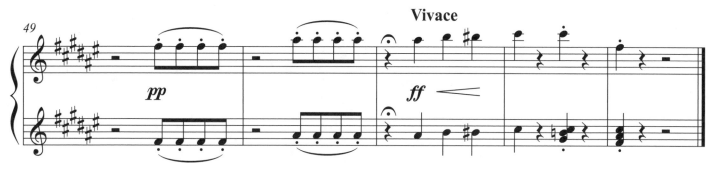

es-Moll / E♭ minor / Mi♭ mineur

Allegro con fuoco

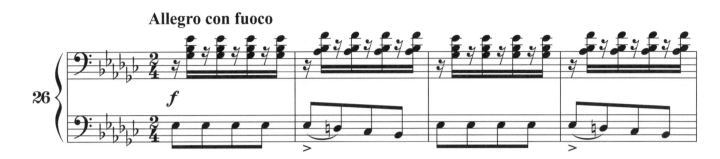

es-Moll / E♭ minor / Mi♭ mineur

Allegro con fuoco